EMILE HINZELIN

La République républicaine

MIRECOURT
IMPRIMERIE & LIBRAIRIE GARNET
1904

EMILE HINZELIN

La République républicaine

I

LA LORRAINE RÉPUBLICAINE

Quand on entend dire : « La Lorraine était, naguère encore, un pays profondément républicain ; naguère, les mensonges de la réaction et du cléricalisme trouvaient dans nos campagnes et surtout dans nos villes un accueil un peu dédaigneux », — on se prend à douter de l'histoire et de ses enseignements.

Cependant, rien n'est plus exact. Pendant longtemps, la Lorraine a donné au reste de la France le plus noble exemple démocratique.

D'où vient que, présentement, la Lorraine offre le spectacle d'hésitations, de contradictions, d'erreurs si regrettables ?

Les dévoués citoyens qui jadis ont créé le parti républicain en Lorraine avaient à lutter contre les débris coalisés des anciens régimes. Ils repoussaient les attaques des orléanistes, des légitimistes, des bonapartistes. Tâche difficile assurément, mais qui avait cet excellent côté de ne manquer ni de netteté, ni de précision ! Les électeurs savaient alors à qui ils avaient affaire. Dans les deux camps, les enseignes étaient loyalement déployées.

Ajoutons que, en ce temps-là, c'est-à-dire il y a quelque vingt ans, on restait sous le coup des désastres que les fautes de l'Empire avaient accumulés. La plaie saignait. Les républicains n'avaient qu'à montrer les conséquences fatales d'un régime antidémocratique et ultramontain, pour remplir d'indignation les cœurs vraiment patriotes.

C'est ainsi que tant de belles victoires républicaines furent remportées par nos pères.

Mais, en pareille matière, il ne suffit pas de vaincre. La République n'est pas un de ces régimes que l'on fonde une fois pour toutes. C'est un gouvernement de libre discussion. Par son essence même, il remet toujours tout en question, dans un constant effort vers le progrès !

Un tel régime n'est jamais fondé une fois pour toutes. Il faut constamment le transformer, l'élargir, le consolider. Il faut constamment le défendre contre des adversaires qui cherchent à profiter des moindres travaux de réfection pour amener la ruine totale de l'édifice.

Les hommes qui ont si puissamment contribué à fonder la République en Lorraine auraient dû se tenir en contact perpétuel avec leurs électeurs. Ils auraient dû, en des réunions, en des cercles, en des comités, en des conférences, faire ou continuer l'éducation politique des industriels, des commerçants, des agriculteurs, des ouvriers. Ils auraient dû surtout préparer les jeunes générations à l'étude des questions politiques et sociales.

Qu'ont-ils fait de cela ? A peine si, à la veille d'une élection, ils tenaient en hâte quelques réunions où presque tout était concerté à l'avance. Certains députés républicains oubliaient même parfois de rendre compte de leur mandat. Ils donnaient ainsi à leur propre doctrine démocratique un étrange démenti.

Pendant que les fondateurs de la République compromettaient leur œuvre, réactionnaires et cléricaux poursuivaient opiniâtrement la leur. Ils tramaient dans l'ombre la vaste conspiration que l'on sait. Ils s'adressaient au peuple, à voix basse, de tout près. Ils entreprenaient de lui faire croire qu'ils ne souhaitaient que son bonheur. Eux qui ont occupé le souverain pouvoir pendant tant de siècles et qui ne s'en sont servi que pour torturer et pressurer le peuple, ils lui promettaient toutes sortes de félicités en échange de ses suffrages.

Abandonné par les uns, sollicité par les autres, le peuple a connu les hésitations, les erreurs que nous regrettions tout à l'heure.

Mais, chez nous, le danger, dès qu'il est aperçu, est plus qu'à demi conjuré. Le parti républicain s'est reformé et se ressaisit. Par des Comités démocratiques, des Fédérations, des Alliances démocratiques, des conférences, des entretiens de toutes sortes, il se remet en contact avec ce grand peuple de si grande bonne volonté et de si grand bon sens.

En allant au peuple, on est sûr de trouver toujours, non seulement l'intelligence la plus prompte, mais le cœur le plus généreux.

Notre République démocratique, résolue à aborder successivement et à réaliser toutes les réformes, décidée à combattre le cléricalisme sous tous ses déguisements, est le seul régime que le peuple puisse admettre à jamais. Cette République, le peuple l'élèvera sans cesse avec lui-même vers la justice, vers la bonté.

II

LES AGRICULTEURS AVANT LA RÉVOLUTION

— *Vous étiez plus heureux avant la Révolution !* disent les réactionnaires aux agriculteurs.

Encore une fois, les réactionnaires tablent sur l'ignorance de l'histoire moderne.

Voici des faits. Voici des c[illegible]res.

Soit une somme de 100 frs gagnée par un agriculteur avant 1789. Sur cette somme, l'agriculteur devait plus de 53 frs au collecteur ; plus de 14 au seigneur ; plus de 14 à la dîme. Restaient 18 ou 19 frs. Encore, sur ce misérable reste, il devait satisfaire le rat-de-cave et le gabelou.

En réalité, l'agriculteur payait deux gouvernements : l'un local, qui se survivait avec toutes ses exigences ; l'autre central, qui se chargeait de tous les services avec des frais inouïs.

Il payait, payait, payait. Enfermé dans son hameau, sans la moindre instruction, sans le moindre renseignement, sans le moindre secours d'aucune sorte, il ne songeait qu'à défendre contre la famine son existence et celle des siens.

En 1689, La Bruyère, peut-être avec pitié, peut-être avec ironie, parlait de ces animaux farouches mâles et femelles, « répandus dans la campagne, noirs, livides, brûlés de soleil, attachés à la terre qu'ils fouillent et remuent avec une opiniâtreté invincible. Ils ont comme une voix articulée. Quand ils se lèvent sur leurs pieds, ils montrent une face humaine. Et, en effet, ce sont des hommes. Ils se retirent la nuit dans les tanières où ils vivent de pain noir et de racines. Ils épargnent aux autres la peine de semer, de labourer, de recueillir pour vivre, et ils méritent ainsi de ne pas manquer de ce pain qu'ils ont semé. » La Bruyère écrivait ces lignes cent ans avant la Révolution. M. Taine, qui les reproduit dans son *Ancien Régime*, en souligne les derniers mots et ajoute : « Ils en manquent, de ce pain, pendant les vingt-cinq années suivantes. Ils meurent par troupeaux. En 1715, il en avait péri près d'un tiers : six millions, — de misère et de faim. »

Aux jours où la Cour ne savait qu'inventer pour son luxe et sa luxure, le peuple vivait d'herbe des champs.

En 1698, la population de la France était encore de 19,095,000 habitants. Elle va toujours baissant. Sous le régent, il n'y a plus que 16 millions d'habitants. En 1753, ce chiffre de 16 millions s'est à peine maintenu.

Les gens des campagnes endurent tout. Celui qui ne meurt pas de faim, si on le sait, si l'on voit des plumes de volailles devant sa porte, est un homme perdu. Les impôts pleuvent sur lui.

Le roi interroge l'évêque de Chartres sur l'état de la population. L'évêque répond que « la famine et la mortalité sont telles que les hommes mangent de l'herbe comme des moutons et crèvent comme des mouches ».

« Plus malheureux que des nègres ! écrit un autre évêque, Massillon (de Clermont-Ferrand). En travaillant, les nègres au moins sont nourris et habillés. »

Malgré tout, les recouvrements d'impôts se font avec une extrême rigueur : « Le fisc enlève les habits des pauvres, les loquets de leurs portes, leurs derniers boisseaux de froment. C'était là le blé destiné à ensemencer la terre. Qu'importe ? Le fisc aura satisfaction et la terre n'aura pas de semailles. »

Pauvres gens taillables et corvéables à merci ! Les collecteurs, avec les huissiers, suivis de serruriers, ont tout saisi. Ils ont tout vendu pour le quart de ce qu'il vaut. Par surcroît, les frais ont surpassé la taille. Les pauvres gens ne sont donc pas encore quittes, même pour cette *fois*. Les impôts seuls s'ensemencent et foisonnent.

***

Par an, le QUART des journées des journaliers va aux corvées. Le désespoir gagne de proche en proche. Des villages entiers disparaissent : leur nom même est oublié.

Parfois, une sédition éclate. En 1747, révolte à Toulouse, révolte en Guyenne, pour le pain. En 1750, révolte en Béarn, pour le pain. En 1752, révolte à Rouen, en Dauphiné, en Auvergne, à Arles : les villageois forcent les greniers. Dans la seule province de Normandie, M. Taine relève des séditions en 1725, 1737, 1739, 1752, 1764, 1765, 1766, 1767, 1768..., toujours pour du pain.

Résultats : on tue les révoltés par douzaines et on augmente les impôts.

Les affamés restent étendus la plus grande partie du jour, pour souffrir moins. Des familles entières passent deux jours sans manger. Çà et là, on coupe les blés encore verts et on les fait sécher au four : la faim ne peut attendre. Dans la Gascogne, « le spectacle est déchirant ». Aux environs de Toul, le cultivateur, après avoir payé l'impôt, la dîme, les redevances, reste les mains vides.

La terre de France est bonne. Mais le régime est sans pitié. On laisse la terre inculte. Le quart du sol est en friche. Partout s'étendent les bruyères. Telle province jadis florissante, la Sologne par exemple, redevient une forêt et un marécage.

En cette situation, comment le cultivateur pourrait-il songer à perfectionner ses moyens de culture? Sauf en Flandre et en Alsace, les champs restent en jachères un an sur trois, souvent un an sur deux. Les outils sont détestables. Point de charrue en fer. C'est la charrue de Virgile qui sert aux contemporains de Voltaire. L'essieu des charrettes, les cercles des roues sont en bois ; la herse, c'est l'échelle de la charrette. Peu de bestiaux. Peu de fumures. La terre ne donne guère que cinq ou six fois la semence.

Les chemins sont impraticables. Parfois les voyageurs s'engloutissent dans des fondrières.

La petite vérole règne partout. Sur huit morts, elle en cause une. La faim, on l'a vu, est plus meurtrière encore.

***

On devine à quoi peut rêver le cultivateur qui, le soir, mange un pain de sarrazin ou d'avoine et une rave, dans sa maison couverte de chaume, sans fenêtre, et où la terre battue sert de plancher.

Il est vieux avant l'âge ou plutôt il est sans âge. A telle femme, on donne soixante-dix ans, tant elle est ridée et courbée. Elle n'en a que vingt-huit.

L'homme est d'autant plus triste, plus irrité, qu'il a quelque bien en propre. Il ne se résigne pas à se voir dépouillé.

Les garnisaires frappent à sa porte. Nul taudis n'échappe à cette engeance.

Mais, si insupportables que soient les garnisaires, on se garde de les éviter. Le collecteur, étant responsable, penche à grossir les cotes des payeurs exacts au profit de celles des payeurs négligents. Chacun laisse donc instrumenter contre lui.

On l'a dit fort bien : le fisc a deux mains. D'ordinaire, l'une est apparente, en pleine clarté ; elle fouille dans la poche des contribuables : c'est l'impôt direct ; — l'autre main se dissimule et va plus à *fond*, dans l'ombre : c'est l'impôt indirect. Avant la Révolution, les deux mains du fisc opéraient en pleine clarté.

Les traitants qui avaient affermé l'impôt excellaient à faire suer les contribuables.

En général, le sel coûte treize sous la livre, six *fois* plus qu'aujourd'hui, et, si l'on tient compte de la valeur de l'argent, douze *fois* plus. Chaque personne au dessus de sept ans est tenue d'en acheter sept livres par an. On saisit, on vend, on exécute, pour n'avoir pas acheté du sel, des malheureux qui n'ont pas de pain.

Des sept livres obligatoires, défense de détourner une once pour un autre emploi que pot et salière. Un villageois a-t-il économisé sur le sel de sa consommation pour saler un porc? Le porc est confisqué. Trois cents livres d'amende!

Défense de puiser de l'eau à la mer ou aux sources salées.

Le gabelou entre dans la maison, inspecte l'armoire, goûte la salière. Si le sel est trop bon, procès-verbal! C'est du sel de contrebande. Le sel de la *ferme*, le sel officiel, n'est-il pas d'habitude avarié et mêlé de gravats?

Le rat-de-cave se montre aussi soupçonneux, aussi tyrannique que le gabelou. Les droits sur les vins sont innombrables. Découragés, les vignerons ont plus d'une fois jeté du vin à la rivière.

Seuls, les riches, les nobles, les ecclésiastiques, sont exempts de tout impôt. Le fardeau retombe sur les indigents et les laborieux.

Du haut en bas de l'échelle sociale, même iniquité. Les gens en crédit ne payent rien; les malheureux plient, surchargés, anéantis. L'immense filet du fisc, suivant une expression saisissante, laisse passer tous les poissons gros ou moyens : les petits seuls sont capturés et dévorés.

C'est pourquoi, le 4 mai 1789, l'évêque de Nancy disait en chaire : « Sire, le peuple sur lequel vous régnez a donné des preuves non équivoques de sa patience... C'est un peuple martyr à qui la vie semble n'avoir été laissée que pour le faire souffrir plus longtemps. »

Ce peuple s'est soulevé tout entier. Ce peuple a pris la Bastille. Ce peuple, à travers tant d'épreuves, a institué, après tout un siècle de discussion, un gouvernement de Défense et d'Action républicaines en qui il a foi. Ce peuple est sauvé.

III

LES TRAVAILLEURS AVANT LA RÉVOLUTION

Un des sophismes dont usent le plus volontiers les réactionnaires (depuis M. Paul Bourget qui est un noble esprit dévoyé, jusqu'à tel ou tel pauvre diable qui sans doute préférerait faire une autre besogne) peut se formuler en ces sept ou huit mots : « *Les travailleurs étaient plus heureux avant la Révolution.* »

Nos réactionnaires espèrent donc toujours que l'histoire des temps modernes restera inconnue aux travailleurs !

Que les travailleurs jettent seulement les yeux sur cette histoire ! Voici ce qu'ils y verront en traits ineffaçables.

Le droit de travailler était un *droit royal*. Le roi accordait ou refusait, donnait ou vendait le droit de travail, suivant son bon plaisir.

Pour veiller à ce droit qui lui rapportait tant de profits, la monarchie avait organisé un vaste système de communautés et de confréries.

Nul ne pouvait exercer un état s'il n'était immatriculé à une corporation. Pour faire partie d'une corporation, il fallait d'abord être apprenti pendant cinq ans chez le même maître, puis compagnon pendant cinq ans, enfin être reçu maître. Dans certains métiers, on ne pouvait pas commencer l'apprentissage avant quinze ans révolus. Le droit de travail n'était donc obtenu que vers vingt-cinq ans.

Pour être reçu maître, il fallait payer sa lettre de maîtrise. A qui ? A la communauté. Puis, au roi. Puis au procureur du Châtelet. Puis au juge de police. Puis au greffier. Puis à l'hôpital général, *etc*... Ces divers paiements étaient accompagnés de frais divers : frais de sceau, frais de cadeau, frais de banquet...

La lettre de maîtrise n'était conférée qu'à celui qui avait subi un examen, fait un « chef-d'œuvre ». L'ouvrier consacrait une année au moins à faire ce chef-d'œuvre destiné à prouver son habileté. Or, la corporation avait toujours intérêt à le refuser. Nouveau maître, concurrent nouveau! C'était souvent une année perdue.

Pendant que le malheureux candidat à la maîtrise perdait ainsi son temps et son argent, le fils du maître arrivait à la maîtrise sans épreuve, sans difficulté. Le travail, en somme, était un fief.

Jalouses de leurs monopoles, les corporations avaient décidé que chaque maître aurait un seul apprenti. Pour forcer les cadres du travail, la naissance ou la fortune était nécessaire. Pas de place pour le plus pauvre! Le plus pauvre n'avait qu'à demeurer dans l'ombre ou à se faire valet.

⁂

Quelques traits encore et non pas des moins significatifs.

Pour entrer dans une corporation, il fallait présenter au syndic son billet de confession. Incrédules, protestants, juifs, étaient également excommuniés du travail humain. Outre le billet de confession, on exigeait une preuve de nationalité. Beaucoup d'industries (verrerie, faïencerie, par exemple) avancèrent chez nous assez lentement, parce qu'on ne pouvait pas recourir à l'expérience des ouvriers étrangers.

Ce système des corporations produisait les tristes résultats inhérents à toute féodalité : divisions, discussions, querelles, guerres civiles.

Un maître maçon, un maître drapier, ne pouvait, sans perdre ses droits, se transporter dans une autre ville de France. L'ouvrier était attaché à son lieu de travail, le marchand à son comptoir. Il devait mourir là où il avait été élu maître.

Sa maîtrise ne lui donnait droit qu'à un unique métier.

Or, comme il y avait un nombre extraordinaire de corporations, c'est-à-dire de métiers distincts par leurs titres, le malheureux ouvrier risquait sans cesse d'empiéter sur quelque terrain voisin.

Un serrurier n'avait pas le droit de s'occuper des clous de sa serrure. Qu'auraient dit les cloutiers ?

Si un marchand de chapeaux avait mis un bonnet à son étalage, la corporation des bonnetiers l'aurait traîné immédiatement de tribunal en tribunal.

Il y avait une corporation de teinturiers en fil et une corporation de teinturiers en soie. Quand tel vêtement à reteindre était de soie et de fil, quel problème!

On demandait un peu de vinaigre à un épicier. Quel piège! Le vinaigrier guette à la porte, soupçonnant une atteinte à son privilège.

Procès! Procès innombrables! Les limitations entre les métiers étaient parfois si difficiles à saisir que certains de ces procès ont duré des siècles.

Bouchers contre charcutiers; libraires contre bouquinistes; boulangers contre gargotiers; cordonniers contre savetiers; drapiers contre manufacturiers (les manufacturiers, malgré l'interdiction des drapiers, voulaient détailler leurs étoffes); barbiers-chirurgiens contre barbiers ordinaires (les barbiers-chirurgiens prétendaient avoir seul droit au plat à barbe blanc, leur blason; ils exigeaient que les barbiers ordinaires prissent pour enseigne un plat à barbe jaune); perruquiers contre raseurs ou tondeurs vulgaires (chasseurs de chevelures pour perruques); tailleurs contre fripiers (les tailleurs vendaient des habits sortables; les fripiers, des habits usés; hélas! la nuance échappe souvent aux yeux les plus exercés; la législature finit par confondre tailleurs et fripiers dans une même corporation; ils ne se réconcilièrent pas pour cela; on dut séparer de nouveau ces frères ennemis et les procès recommencèrent, interminables); poulaillers contre rôtisseurs (« Vous ne vendrez pas de poulailles rôties, disaient les poulailliers.— Nous en vendrons, répondaient les rôtisseurs ; autrement, que rôtirions-nous et que vendrions-nous ? Le Parlement coupa le jeu en deux, — le jeu, et non la poule ! Il interdit aux rôtisseurs de faire *noces et festins ;* il les autorisa seulement à vendre trois plats de fricassée...)

Procès dans le sein même des corporations ! Tracasseries, vexations de toutes sortes !

Citons un exemple. Le nombre de fils qui pouvaient être employés en largeur et en hauteur dans une pièce de futaine ou de droguet, était déterminé. Le fabricant en mettait-il un de plus ? sa pièce était condamnée au pilori. En cas de récidive, l'homme prenait place au carcan à côté de son étoffe.

Le roi créait sans cesse des corporations, des maîtrises nouvelles, et les vendait sans se soucier du trouble qu'il jetait ainsi chez les misérables travailleurs.

Il créait de même et vendait des offices de tout genre, taxes véritables frappées sur les corporations. Le dénombrement de ces offices est impossible ! Offices de mesureurs de grains ; offices de jaugeurs de vin et eau-de-vie ; offices de distributeurs de papiers et parchemins timbrés ; offices de jurés, vendeurs de poissons d'eau douce ; offices de déchargeurs, rouleurs et chargeurs de vins ; offices de mesureurs de charbon ; offices de visiteurs, de langoyeurs de porcs ; offices de contrôleurs courtiers de la vente de volailles, gibier, cochons de lait et lapins ; offices de jurés cribleurs de blé et autres grains ; offices de contrôleurs, visiteurs et essayeurs d'huiles ; offices d'inspecteurs, visiteurs, contrôleurs et mesureurs de pierres de taille ; offices de vendeurs et peseurs de foins, *etc...*

On ne saurait imaginer le nombre de fonctionnaires grassement payés que les rois préposaient à la surveillance des vins et des foins. Le plus pur de la fenaison et de la vendange coulait entre leurs mains.

Chacun de ces *officiers* marchait, escorté d'huissiers et de recors semant autour d'eux les expertises, les écritures, les papiers timbrés, les frais de procédure.

On travaillait pour ne pas mourir de faim, et on mourait de faim pour avoir travaillé. Tous ceux qui, aujourd'hui, travaillent librement et qui, librement, peuvent jouir du fruit de leur travail, doivent reporter sans cesse leur pensée reconnaissante à notre glorieuse et maternelle Révolution française.

C'est la République de 1792 qui a fait du travailleur un citoyen. La République de 1848 fait de lui un électeur.

Le travailleur, qui était une *force* au service d'autrui, est devenu une *force* intelligente, à mesure que l'univers s'est éclairé. Aujourd'hui, grâce aux machines qui se multiplient et se perfectionnent, il est une intelligence dirigeant une *force*. Il faut que cette intelligence dirigeant une force soit de plus en plus consciente d'elle-même, de plus en plus indépendante, ajoutons : de plus en plus heureuse.

Pour cela, il faut qu'il y ait entente entre les citoyens. Constituons des mutualités intellectuelles et matérielles. La belle loi de 1898 sur les mutualités sera très féconde. C'est en combinant la mutualité et l'obligation qu'on résoudra la question des Retraites ouvrières et qu'on donnera au travailleur ce à quoi il a droit, c'est-à-dire une vieillesse exempte de misère. Ce sont ces graves questions que les électeurs doivent mettre sans cesse à l'étude. D'où est sortie l'admirable Révolution de 1789? Des *cahiers*. Rédigeons nos cahiers. Des réunions comme celle-ci sont toujours aussi efficaces que cordiales.

On a dit : « Craignons l'ouvrier qui lit et qui doute de tout ». Nous répondrons : — Ne craignons pas cet ouvrier-là ! Craignons, au contraire, l'ouvrier qui ne lit rien et qui croit à tout. L'ouvrier qui ne lit rien brûlera les bibliothèques, les musées, les villes... L'ouvrier qui croit à tout cèdera aux plus scélérates, aux plus criminelles excitations et sera un danger perpétuel pour la société tout entière. C'est de la vérité et de la dignité humaines que résulteront l'ordre, le progrès, la prospérité pour la Patrie et pour le monde. La France ne doit jamais faillir à sa tâche ; elle est, au fond, la terreur des rois et l'exemple sacré des peuples.

IV

RÉVOLUTION MAUDITE !

La presse réactionnaire répète avec plus de force que jamais un cri qui, depuis quelques mois, a souvent retenti dans la littérature profane et dans l'éloquence sacrée : « *Révolution maudite !* »

De quelle révolution s'agit-il ? De la grande Révolution ! De la Révolution de 1789 ! De la Révolution maternelle et généreuse par excellence !

Espère-t-on vraiment que les ouvriers et les agriculteurs de France se laisseront prendre à cet artifice de malédictions ? Eux, maudire la Révolution ! Mais ils ont, au contraire, toutes les raisons du monde de la bénir. C'est à elle qu'ils doivent d'être libres !

Avant la Révolution, les agriculteurs formaient une classe de parias. Courbés sur le sol qu'ils fouillaient sans relâche, ils méritaient à peine, suivant le mot poignant d'un grand écrivain royaliste, d'obtenir un peu de ce pain qu'ils faisaient pousser pour d'autres. Ecrasés par les impôts, ils versaient leur sueur pour suffire aux dépenses du roi et de la cour, pour payer des guerres interminables, des palais follement somptueux, des fêtes et des débauches. Mourant de faim, « taillables et corvéables merci », ils travaillaient aussi pour le seigneur dont le château se dressait au sommet de la colline, pour le seigneur qui faisait peser sur les hommes de la glèbe ces droits féodaux dont la longue nomenclature semble une monstrueuse bouffonnerie à ceux qui en sont délivrés. Quand il rentrait dans sa misérable maison, qu'y trouvait alors le paysan ? Le deuil, la honte, l'inquiétude, le désespoir. Pauvre homme qui, près de son être sans feu, la tête dans les mains, devait se dire : « Je suis né pour souffrir, comme eux pour être heureux ».

Ah ! pauvre homme, cher et vaillant aïeul, tu as enfin relevé la tête. Tu as compris qu'aucune loi surhumaine ne condamnait une caste à souffrir et à peiner sans fin. Tu as entendu la voix des philosophes et des poètes, de Rousseau, de Diderot, de Voltaire, de Montesquieu. Tu as suivi l'élan donné par Mirabeau, par Desmoulins, par notre farouche et sincère Danton, si humain et si patriote à la fois !

⁂

Ce fut, dans la nuit du 4 Août, la démolition de l'ancien édifice social, l'abolition des droits et des privilèges féodaux.

Ce fut, à la face du monde, cette Déclaration où ont été établis les droits de l'homme et du citoyen, droits sacrés qui se résument si lumineusement dans la belle devise républicaine : *Liberté, Egalité, Fraternité*.

Ce fut l'abolition de la monarchie et la proclamation de la République. L'histoire des rois était le martyrologe des nations. L'histoire de la République doit être l'épopée de tous les nobles efforts vers la vérité, vers le bonheur, vers la justice.

Dans cette Révolution si généreuse, si maternelle, il y a eu assurément quelques violences, quelques excès. Mais les plus acharnés partisans de l'ancien régime oseraient-ils les rapprocher des crimes, des assassinats, des tueries sans nombre dont la monarchie très chrétienne a donné le signal ?

N'est-ce pas elle, par exemple, qui a lancé le Nord contre le Midi de la France et a fait égorger quarante mille Albigeois dont la seule faute était de ne pas suivre textuellement les enseignements des prélats romains ?

N'est-ce pas elle qui, dans la nuit de la Saint-Barthélémy, a fait assommer, égorger, éventrer par milliers les chrétiens dont l'unique tort était de « célébrer la Messe en français » ?

N'est-ce pas ce clergé très chrétien qui a jugé, torturé, insulté, brûlé Jeanne d'Arc, la pure Lorraine, la grande Française, l'incarnation la plus adorable du patriotisme le plus désintéressé ?

Voilà ce que faisait le régime béni de ceux qui maudissent aujourd'hui la Révolution ! Ils ne sauraient montrer plus clairement que leurs ambitions, leurs intérêts, leurs aspirations, sont diamétralement opposées aux intérêts et aux aspirations du peuple.

On demandait naguère, à la tribune de la Chambre, ce qui avait creusé un fossé si profond entre la majorité ministérielle et l'opposition.

La réponse est bien simple. Il y a, d'un côté, l'âme même de la Révolution ; il y a, de l'autre côté, l'esprit de contre-revolution, qui est en même temps l'esprit de contre-vérité.

V

L'APPRENTISSAGE DE LA LIBERTÉ

La France a montré que les réformes les plus profondes et les plus durables sont l'œuvre du peuple et non pas l'octroi d'un souverain.

Le despotisme peut parfois être bienveillant, jamais il n'est bienfaisant. Il y a donc une sorte d'ironie dans le mot de Jean-Jacques Rousseau : « *Forcer l'homme d'être libre.* »

Turgot lui-même, en sa noble impatience du progrès, partageait l'erreur de Jean-Jacques. Il disait : « Donnez-moi cinq années de despotisme, et la France sera libre. »

Ne donnons pas une année, pas un mois, pas un jour de despotisme, même à un Turgot, et dans le meilleur dessein ! Tout ce qui vient de la violence est vil.

Moins que tout autre, le Français accepterait cette étrange liberté. La liberté qui lui sied, c'est celle dont il est l'artisan et le juge.

Telle est la liberté qu'il possède aujourd'hui.

Aussi, les sophismes et les calomnies des réactionnaires ne l'émeuvent nullement.

Quand les éternels ennemis de la liberté se mettent à crier : « Vive la liberté ! », le peuple estime que c'est là une comédie un peu basse qu'ils lui donnent.

Le peuple se sent libre de toutes les manières. Il a la liberté de conscience. Il a la liberté de réunion. Il a la liberté de la presse. S'il l'oubliait, la presse réactionnaire, chaque matin, lui rappellerait qu'elle est libre et plus que libre !

En vain les cléricaux lui tiennent le langage que l'on

sait : « Prouve que tu es libre, ô bon peuple de France, prouve que tu es tout à fait libre, en te remettant volontairement sous notre joug. »

— Grand merci du conseil, répond le bon peuple, je vous fournirai toutes les preuves de ma liberté, excepté celle qui consisterait à la détruire.

Plus d'équivoque possible sur ce point !

Jadis le roi d'Espagne, Charles III, ayant constaté « que les Jésuites étaient un danger public », résolut de débarrasser les Espagnols du jésuitisme. Rencontrant dans le peuple, particulièrement dans la partie la plus pauvre et la plus ignorante du peuple, une résistance inattendue, il s'écria avec mélancolie :

« Hélas ! ils sont comme des enfants qui pleurent quand on les nettoie. »

Le peuple de France, en sa bonne grâce si clairvoyante, si brave et si nette, sourit présentement à ce nettoyage-là.

VI

UNE EXPÉRIENCE SIGNIFICATIVE

Nous recommandons à nos amis une petite expérience tout à fait significative. Qu'ils prennent une profession de foi rédigée par un de ces républicains égarés pour qui M. Méline est le guide et le modèle ; — qu'ils prennent d'autre part la profession de foi d'un réactionnaire avéré, fondateur et excitateur de Cercles catholiques : ils constateront que ces deux professions de foi sont identiques.

Elles sont identiques dans ce qu'elles revendiquent ; identiques surtout dans ce qu'elles attaquent. Il y a en elles les mêmes espérances secrètes ; il y a en elles les mêmes haines fanatiques et frénétiques.

Presque toujours, si l'une de ces deux professions de foi contient un peu plus de libéralisme apparent, c'est celle que signe le réactionnaire avéré.

Que l'on étende l'expérience ! Que l'on prenne en mains des journaux ! Voici les *Croix*, organes des Assomptionnistes ; voici le *Soleil*, organe du prince d'Orléans ; voici la *Patrie*, organe de la Ligue de la Patrie française ; voici l'*Autorité* de M. Paul de Cassagnac ; voici la *Libre Parole* de M. Drumont ; voici l'*Intransigeant* de M. Rochefort ; voici la *République* de M. Méline. Lisez ces journaux jusqu'au bout. Vous y voyez, formulée en des termes analogues, cette idée que l'armée est désorganisée par le gouvernement, — alors que le gouvernement a fait voter un million pour améliorer le bien-être du soldat, qu'il a créé l'armée coloniale, qu'il a affermi l'alliance russe, conclu des alliances nouvelles !...

Vous voyez, dans tous ces journaux sans exception, que le gouvernement a conduit à l'abîme la fortune de France,

— alors qu'il y a, à la Banque de France et dans les Sociétés de crédit, 450 millions de plus qu'en 1899, et que, pour le rendement des impôts, la plus-value est de 119 millions depuis le commencement de cette année.

Vous voyez, dans tous ces journaux sans exception, cette assertion que la liberté de conscience est supprimée. (Hé, quoi ! les églises seraient-elles fermées ? Le clergé régulier et le clergé séculier ne pourraient-ils plus enseigner l'évangile et l'histoire sainte ?)

Vous lisez dans tous ces journaux les mêmes diatribes, les mêmes calomnies...

Cependant quelques-uns de ces journaux, d'accord sur tous les points avec ceux qui n'ont qu'un but : renverser la République, ont la prétention et peut-être la conviction d'être encore républicains.

VII

CEUX QUI NE FONT PAS DE POLITIQUE

« Je ne fais plus de politique... Je n'ai jamais fait de politique... Je ne ferai jamais de politique... » Voilà trois petites phrases dont, à chaque instant, nos oreilles sont assourdies.

Nous savons ce que d'ordinaire cachent ces mots. Quand certaines gens disent : « Nous ne faisons pas de politique », cela signifie que, fonctionnaires, industriels, négociants, agriculteurs, ce sont des réactionnaires honteux, des cléricaux sans foi ni courage.

Il se peut cependant que, par exception, l'un d'eux dise vrai et ne fasse pas de politique, réellement. Celui-là serait donc honnête homme, mais dans la mesure où l'on peut être honnête homme quand on n'est pas bon citoyen.

En vérité, renoncer à sa part de direction dans les affaires de la patrie, abdiquer ses droits d'électeur si chèrement achetés, abandonner tout gouvernement à des concitoyens inconnus, n'est-ce pas commettre une faute si grave que notre conscience, à nous, retire définitivement ce mot d'honnêteté échappé à nos lèvres ?

On affecte de parler de la banqueroute de la politique en France. Cette lassitude et cette indifférence résulteraient, dit-on, de ce qu'on a trop fait de politique.

Rien de plus faux. La vérité est que l'on n'a jamais fait assez de politique en France, et que même, la plupart du temps, on n'en a pas fait du tout.

Nous n'appelons pas : « faire de la politique » se plaire à un verbiage sans consistance, sans fondement, où les mêmes idées vagues reviennent indéfiniment, ni s'intéresser aux déclamations hypocrites ou aux injures ordurières dont maints journaux sont remplis.

La politique, c'est la connaissance précise des intérêts nationaux. C'est la discussion méthodique des moyens les plus prompts pour réaliser une société de justice plus grande et de moindre souffrance. C'est une science et c'est un art.

Où cela s'enseigne-t-il ?

Négligence inouïe! Absurdité vraiment criminelle! On confère à un homme le droit de voter, de conduire la fortune nationale à la gloire ou à la honte, de juger des hommes et des choses en dernier ressort, — et on n'a pas songé à lui donner préalablement la moindre clarté sur les affaires mêmes qu'il va être appelé à trancher.

Cependant on exige d'un jeune homme qui veut être médecin ou vétérinaire une expérience et des connaissances contrôlées ; on ne donne un fusil à un soldat que lorsqu'on lui a longuement appris l'exercice et le tir ; pour le plus humble office, pour la fonction la plus infime, il y a des préparations, des précautions innombrables. Au contraire, la fonction d'électeur, fonction souveraine, est attribuée à tous, sans un mot d'explication.

Il y a plus. Non seulement on n'éclaire pas le futur électeur, mais on affecte de ne jamais laisser pénétrer jusqu'à lui ce qui serait, par hasard, de nature à l'éclairer.

A l'école, pas un mot de politique, pas un mot d'histoire immédiatement contemporaine. A la caserne, pas un livre traitant de ces questions actuelles, qui sont l'énigme poignante de nos destinées.

Le futur électeur sort de l'école et de la caserne. Immédiatement, on lui met un bulletin de vote entre les mains !

D'une pareille imprudence résultent des erreurs, des contradictions, des affolements subits.

Tel est le mal. Mais le mal ainsi mis en lumière ne laisse aucune hésitation sur le remède. Il faut que, dans l'école, dans tous les groupements, dans tous les milieux où la jeunesse se trouve réunie, des ouvrages, des publications, des conférences excitent les intelligences à aborder les problèmes qui intéressent d'une façon capitale notre société.

Que l'on ne redoute pas les chimères ! Que l'on ne redoute pas les enthousiasmes ! C'est le contraire des enthousiasmes qui nous nuit tant. Nous sommes trop souvent énervés par l'indifférence. Notre inertie civique nous a exposés aux pires dangers. On ne fait assez bien que ce qu'on entreprend avec un peu trop d'ardeur.

Il faut faire de la politique ! Ceux qui y renoncent désertent, abdiquent. Ce sont toujours des lâches. Ce sont quelquefois des traîtres.

La France traverse en ce moment une période difficile : l'effort de la réaction cléricale est redoutable. Les ennemis de tout progrès et de toute lumière, les sectaires qui veulent maintenir la nation dans la dépendance de quelques tyrannies, religieuses, sociales ou financières, ont dû se déguiser habilement ; ils ont même réussi à pénétrer dans la forteresse républicaine.

Si, par la lâcheté des uns et la trahison des autres, les réactionnaires étaient vainqueurs, il se produirait nécessairement un réveil furieux, une impétueuse et formidable agitation. Ce serait alors la plus impitoyable, la plus ruineuse des guerres civiles ! Ce seraient le désordre, le désarroi, peut-être le désastre !

A tout prix, les bons citoyens doivent reprendre, dans une lutte pacifique, le poste qu'ils *ont à défendre*. C'est là, par excellence, le *service obligatoire*.

VIII

OU SONT LES SECTAIRES ?

Les réactionnaires se laissent conduire par des mots. S'ils s'élevaient aux idées, ils auraient été vite séduits par l'idée républicaine (la plus belle du monde !), c'est-à-dire par l'idée d'une société toujours plus juste, composée d'individus toujours plus libres.

Un des mots qui, présentement, exerce le plus d'action sur la réaction tout entière, c'est le mot *sectaire !*

Sectaire, celui qui reste attaché aux principes de la démocratie ! *Sectaire*, celui qui garde un idéal de justice et de liberté ! *Sectaire*, celui qui ne s'abaisse pas à des concessions et à des compromissions de toute espèce ! *Sectaire*, celui qui sait rompre les trames des complots ou les lacets des mensonges politiques ! *Sectaire*, celui qui simplement demeure républicain, alors que la réaction lui fait l'honneur de compter sur lui !

Ce mot *sectaire*, pris dans cette acception, produit encore son effet. Les bonnes gens s'arrêtent autour de l'honnête homme ainsi désigné à leur attention : « Ah ! ciel ! Monsieur est sectaire. Voilà une chose tout à fait effroyable. Peut-on être sectaire !

— Oui, bonnes gens, on peut l'être. Et même, dans le sens où les réactionnaires prennent aujourd'hui ce mot, on doit l'être. Demain, vous conviendrez qu'on peut l'être. Après-demain, vous le serez devenus vous-mêmes.

D'ailleurs, si l'on examine sérieusement le sens exact du mot *sectaire*, on constate, avec cet ironique contentement qui est si souvent la récompense de la parfaite vérité, que les vrais *sectaires*, les seuls *sectaires*, sont les réactionnaires, particulièrement les réactionnaires cléricaux.

Eux seuls forment une *secte* fanatique et tyrannique ; une secte qui obéit servilement à un mot d'ordre venu du dehors ; une secte fermée à toute discussion fondamentale, à toute libre recherche ; une secte qui se refuse à admettre et même à connaître toute notion contraire à ses dogmes ou étrangère à ses intérêts ; une secte prête à mettre en œuvre tous les moyens, même les plus violents et les plus sanglants, pour assurer le triomphe de ses chefs.

Quand on place ainsi les mots *secte* et *sectaires* dans la lumière qui leur est propre, comme ils apparaissent soudain avec toute leur couleur, tout leur relief, toute leur signification !

En vérité, on ne peut nous appeler *sectaires* que par abus de mot ou, mieux encore, par antiphrase. La République que nous voulons est une République indépendante, ouverte, tolérante, éminemment perfectible. Cette République, nous ferons en sorte qu'elle soit gouvernée par des républicains sincères, incapables de se laisser dominer par la secte la plus dangereuse de toutes, c'est-à-dire par la secte que constitue le cléricalisme.

Nous consentons, nous demandons même que cette République soit discutée et contrôlée par tous les citoyens.

Elle sera donc, par excellence, le gouvernement de la Conscience française, toujours plus éclairée, plus droite et plus généreuse. Elle sera la grande Communion des citoyens, contre laquelle aucune *secte* ne prévaudra.

IX

OÙ SONT LES RÉPUBLICAINS SINCÈRES ?

Un de nos plus dévoués amis s'écriait naguère :

— « Où sont donc les républicains sincères? Hier, je vais m'asseoir à une table d'hôte. On se met à y parler politique. Il y avait une douzaine de convives avec moi. Tous réactionnaires! Tous maudissant à l'envi le gouvernement républicain! Sur treize convives, douze contre nous!

— En vérité, c'est trop. Jadis, sur treize convives, un Judas suffisait.

— Ne riez pas! interrompit un autre de nos amis. La chose est sérieuse. Elle est même un peu triste. Moi, quand je monte en wagon...

— Quelle classe choisissez-vous?

— La seconde classe, d'habitude; mais cela n'a pas grande importance.

— Non, pas grande importance! Excusez-moi et continuez.

— En wagon, les journaux que lisent mes compagnons de route sont presque tous réactionnaires, tantôt hypocritement, tantôt violemment réactionnaires.

— Faites attention, réplique un sage, que vos tables d'hôtes et vos wagons sont dans une contrée envahie par la réaction, charmante et pauvre contrée où le mélinisme a fait le lit du nationalisme, et qui ne sera délivrée de l'un et de l'autre que dans quelques années! En 1902, le reste de la France a voté avec une logique, un dévouement et un courage incomparables. Il a envoyé au Parlement une majorité qui ne demande qu'à bien faire. D'accord avec cette imposante majorité, le Président de la République et le Président du Conseil font pour le mieux.

— Oui certes, et ils y ont grand mérite, déclara un quatrième ami. Mais je reprends à mon compte la question que l'on posait tout à l'heure : « Où sont les républicains sincères? » J'ai acheté récemment, vous le savez, une étude de notaire dans une des villes qui donnent la plus inébranlable majorité au gouvernement républicain. Hé bien ! quand j'écoute ma clientèle parler politique, j'entends à chaque instant les plus injustes et les plus odieuses lamentations. »

Où sont les républicains sincères ?

Mais, sans doute, hors des exquises tables d'hôtes, hors des wagons (particulièrement des wagons de première et de seconde classes), hors des excellentes études de notaire, hors des cafés, hors des salons.

Cependant, ils sont !

Contre vents et marées, ils marchent vers un idéal de justice et de vérité.

Ils viennent même de remporter sur la coalition cléricale, si bien armée, si bien exercée, si bien pourvue, une série de magnifiques victoires. Ils ont prouvé leur existence de la meilleure façon du monde : en sauvant la République et la civilisation dont la République reste le guide.

C'est cette masse obscure qui fait la force de nos institutions. C'est elle qui constitue et défend cette République qui s'élève au milieu de l'Europe monarchique comme un défi aux rois, comme un exemple aux nations. C'est cette masse obscure, anonyme, muette, qui est la réserve inépuisable du progrès humain. Elle est dévouée si profondément à la République, à sa République !

Pauvres gens inconnus, ouvriers des villes, ouvriers des champs, ils font tout pour la République. Et qu'est-ce que la République a fait pour eux ? Presque rien.

En revanche, jusqu'à présent, elle a trop fait, la République, pour ceux qui la dénigrent, qui l'insultent, qui la trahissent. Elle a trop fait pour les gens qui voyagent en wagon de seconde et de première classes, pour ceux qui s'asseoient aux exquises tables d'hôtes, pour ceux qui forment votre clientèle, mon cher notaire. Elle les a émancipés. Elle les a enrichis. Elle soutient leurs fructueuses industries ou leurs fructueux commerces par ses lois de protection. Elle donne à leurs fils dans les administrations, dans l'armée, dans les ministères, des traitements sans pareil.

Bonne République si tendre à ceux qui te desservent, garde tes qualités de tolérance, d'indulgence et de clémence, mais tâche en même temps, bonne République, de devenir un peu plus républicaine. Songe parfois à ces fidèles qui restent dans l'ombre et qui sont les véritables piliers de cet édifice que décore ton nom.

Oui, cette masse obscure constitue la véritable réserve du progrès et de la démocratie.

Trop rarement, nos amis prennent contact avec elle qui pourtant est leur grande amie.

Nos amis connaissent mieux l'autre partie de l'armée démocratique, l'autre partie si fidèle aussi, mais éclatante, par conséquent moins méritante. Cette partie, c'est le groupe des chefs admirables : hommes de sciences, hommes de lettres, industriels, commerçants, qui, pour la plupart, sont venus à la politique au jour même du danger !

Ainsi, la démocratie sincère, désintéressée et triomphante se compose du corps vigoureux et de la tête intelligente de la nation.

O pessimistes, mes frères, avouez que c'est déjà beaucoup !

X

LETTRE D'UN PRÉFET RÉPUBLICAIN

(Un de nos amis, préfet d'un de nos plus beaux départements, — préfet profondément et énergiquement républicain — nous écrivait récemment une longue lettre sur la situation politique. De cette lettre, nous détachons quelques passages qui nous semblent particulièrement intéressants. Nous ne pensons pas qu'il y ait la moindre indiscrétion à le faire ! Ce que nous avons dit de son département et de ses opinions ne doit certes pas suffire à faire reconnaître notre ami.)

Dans la situation présente, un préfet peut beaucoup pour le triomphe définitif de la République.

Les populations des campagnes, maires, conseillers municipaux, conseillers d'arrondissement, *etc.*, ont en ce moment les yeux fixés sur lui.

Ils se disent : « Le gouvernement est-il décidé à marcher en avant et à faire une République républicaine? — ou bien, n'est-ce qu'une comédie pour occuper le pouvoir ? La conduite du préfet nous éclairera. »

Si le préfet va aux populations, il les entraînera.

J'ajoute que rien ne lui est plus aisé. Chaque maire, chaque conseiller municipal, chaque conseiller d'arrondissement à qui il s'adressera d'une façon simple et franche, sera vite gagné à la République.

Il n'y aura d'exceptions que parmi les hommes qui, par leur passé, leurs traditions, sont inébranlables comme un rocher ou comme une huître sur un rocher.

Pour moi, qui connais un grand nombre de départements, il n'y a aucun doute. L'action directe du préfet est d'une efficacité certaine, d'une efficacité immédiate.

Les adversaires de la République parlent aujourd'hui de *préfets à poigne*. Avec leur inconscience habituelle, ils oublient que ce sont eux qui ont inventé et façonné cette espèce de préfets, disparue aujourd'hui.

Par ce mot méprisant de « préfets à poigne », les républicains désignaient les administrateurs réactionnaires qui mettaient le poing au collet des honnêtes gens ! Présentement il y a en France, même dans les plus petites villes, des groupes d'agitateurs, de perturbateurs, de conspirateurs réactionnaires contre lesquels il faut agir. Ces gens usent de tous les moyens pour assurer le succès de leur cause. Or, leur cause, en quoi consiste-t-elle ? Ils veulent, ceux-ci, quelques poignées d'argent ; ceux-là, quelque grasse sinécure ; ceux-là tout simplement la satisfaction de leurs rancunes.

D'ailleurs, le préfet sincèrement républicain n'a jamais à combattre très longuement. Il lui suffit de se montrer résolu. Les sous-préfectures sont tout de suite transfigurées par cette résolution préfectorale. Accord unanime ! C'est la victoire prochaine.

Une question difficile en apparence, c'est celle-ci : quelle attitude prendre à l'égard des fonctionnaires hostiles au gouvernement ?

Il est évident qu'un fonctionnaire est un citoyen et que, en tant que citoyen, il a le droit d'avoir ses opinions. Mais, s'il a la prétention de faire de la propagande antigouvernementale, il dépasse son droit : il se sert, contre le gouvernement, de l'autorité même dont le gouvernement l'a revêtu.

Pourtant, aujourd'hui, nous voyons un très grand nombre de fonctionnaires (du juge de paix au percepteur, du contrôleur à l'agent-voyer, etc.) mener une campagne sans trêve contre le gouvernement. Ils ne laissent échapper aucune occasion de blâmer le ministère. Ils célèbrent à l'envi les journaux de réaction violente.

J'ai dit que la question qui se pose là est difficile, mais j'ai ajouté : en apparence. En réalité, ces fonctionnaires, pour la plupart, ne sont pas aussi réactionnaires qu'on pourrait le croire. La vérité est qu'ils restent pénétrés de cette idée qu'on n' « avance » vite que grâce à l'appui de la réaction. Maintenant encore, ils s'imaginent que leur intérêt véritable est de passer pour réactionnaires. Ils regardent la « défense républicaine » comme un artifice politique sans importance et surtout sans durée.

Il faut leur persuader le contraire. Pour cela, un exemple, moins encore! un avertissement suffira. Du même coup, la confiance sera rendue aux braves et loyaux fonctionnaires républicains qui, Dieu merci! sont la majorité.

∴

Faut-il à un préfet une pierre de touche, un *criterium*? Il l'a sous la main. C'est le journal réactionnaire et clérical de la ville. Toute ville a un journal réactionnaire et clérical. D'habitude, ce journal n'a guère d'autorité ni de clientèle. Mais il dure! Il durera tant qu'il y aura quatre hobereaux et un marguillier. Le préfet n'a qu'à lire ce journal tous les matins. S'il s'y voit traité de sectaire, c'est qu'il est libéral; de persécuteur, c'est qu'il est tolérant; d'assassin, c'est qu'il est le meilleur homme du monde.

Mais soyons modestes!...

Le malheur est que beaucoup d'administrateurs demeurent attachés par divers liens (dont le plus noble est assurément celui de la reconnaissance) à des personnages politiques qui, présentement, sont alliés à la réaction.

Il convient donc de rappeler hautement qu'il existe un *loyalisme* républicain.

La République a récemment couru le plus grand danger. Nul administrateur politique ne peut ignorer que les conspirations, dirigées en partie par les Congrégations, ont failli aboutir à un désordre sanglant. Le devoir de chacun de nous est tout tracé.

Les élections prochaines ne devront pas se faire avec des préfets et des sous-préfets... du Seize-Mai.

Le grand défaut de notre parti, comme d'ailleurs de tous les partis, c'est l'ingratitude. Dès qu'un homme a fait beaucoup pour nous, nous ne faisons plus rien pour lui. C'est un homme sûr!

Faveurs, emplois, titres, légion d'honneur (et vous aussi, pauvres petites palmes académiques!), tout est pour les adversaires ou du moins pour les demi-adversaires.

Mais cela est si humain!

Ce qu'il y a de plus grave, c'est ceci : parfois, non seulement nous ne faisons rien pour les serviteurs dévoués à notre cause, mais même nous les tenons à l'écart, en disant : « Ils se sont compromis pour servir notre cause! »

J'ai pour ami un homme de cœur, plein de droiture et de clairvoyance, qui, après avoir lutté vaillamment pour la République dans une région médiocrement républicaine, a accepté, sur la prière d'un magistrat, de remplir les fonctions non rémunérées de « suppléant de juge de paix ». La nomination devait être signée immédiatement. Il l'attend encore! On laisse le poste vacant, plutôt que de l'y nommer. On craint que les réactionnaires ne poussent des cris. Hé! les réactionnaires poussent toujours des cris.

Et puis, je le répète avec joie, la violence et l'intensité de ces cris, c'est le bon *criterium*.

XI

QUELQUES ŒUVRES RÉPUBLICAINES

Nous disions que la République, trahie par les privilégiés qu'elle avait accablés de faveurs, a été sauvée par le peuple, ce grand peuple obscur, inconnu ou méconnu, qui est le véritable réservoir des énergies et le principe même du progrès.

Pour ce peuple si déshérité, si laborieux et si bon, nous disions que la République n'a pas encore fait tout ce qu'elle devait !... La République n'a pas encore été assez républicaine.

Pourtant, il serait aussi injuste qu'imprudent de dire que, depuis trente années, elle est restée inactive. Elle a édicté maintes lois excellentes.

C'est cent fois plus qu'aucune monarchie n'en a fait pendant des siècles.

⁂

Il y a trente-un ans, quand le gouvernement républicain a pris la direction du pays, les fautes d'un régime monarchique et clérical avaient épuisé nos ressources, perdu notre armée, démembré notre territoire.

Il fallait payer 8 milliards 476 millions pour indemnité à l'Allemagne, secours aux victimes, dépenses de guerre.

La République s'est efforcée de demander ses ressources plutôt à l'impôt qu'à l'emprunt, et plutôt à l'impôt qui atteint la richesse qu'à celui qui pèse sur la pauvreté.

Dès qu'elle a été débarrassée de l'influence réactionnaire, elle a commencé la série des dégrèvements démocratiques. Citons quelques-uns de ces dégrèvements équitables :

1878. Suppression de l'impôt sur les savons.
— Suppression du droit de 5 p. 100 sur la petite vitesse.
— Abaissement de l'affranchissement des lettres pour l'intérieur (de 25 à 15 centimes).
— Suppression du droit sur les huiles.

1879. Dégrèvement des patentes (les patentes bénéficieront d'autres dégrèvements en 1885, en 1889, en 1890, — dégrèvement des petits patentables des communes rurales. — En 1893, l'impôt devient proportionnel aux bénéfices réalisés.)

1880-1884. Dégrèvement sur les sucres : le kilogramme tombe de 1 fr. 50 à 1 fr. 20. (Cet aliment de première nécessité vient d'être l'objet d'un dégrèvement beaucoup plus important. Le prix du kilogramme de sucre n'est plus que de 0 fr. 65.)

1882. Suppression de toute rétribution scolaire. Les communes sont dégrevées des centimes facultatifs pour l'instruction primaire.

1884. Dégrèvement de tous frais de justice au profit des ventes judiciaires dont le prix principal d'adjudication ne dépasse pas 2.000 fr.

1887. Exonération de l'impôt foncier sur les vignes nouvellement plantées.

1892-1893. Réformes des frais de justice et d'enregistrement. On peut attendre de ces deux réformes, quand elles auront leur plein effet, un dégrèvement d'une vingtaine de millions au profit des débiteurs malheureux, des veuves, des enfants mineurs.

1895. Décret affranchissant les sels employés pour les besoins de l'agriculture.

1900. Franchise postale pour deux lettres par mois aux sous-officiers et soldats de l'armée de terre et de mer.

— Régime nouveau des boissons. Abolition des droits de détail, d'entrée et de taxe unique sur les vins, cidres et poirés. Réduction à 25 centimes du droit de fabrication sur la bière. Suppression de l'exercice des débits de boissons. (La loi actuelle sur les bouilleurs de cru est à refaire.) Le prix du litre de vin naturel est abaissé, en beaucoup de villes, à 20 centimes. De là, une amélioration de la santé publique. Une boisson hygiénique remplace peu à peu les liqueurs alcooliques à essences nocives qui forment un véritable poison, etc., etc.

La devise démocratique se formule ainsi : « Toujours plus de justice et plus de vérité ! Toujours moins d'inquiétude et moins de souffrance ! »

Rendons d'abord hommage à la loi du 26 mars 1891, loi de sursis dite loi Bérenger. C'est une des lois les plus humaines, les plus généreuses, c'est-à-dire les plus hautement justes dont l'humanité puisse s'enorgueillir. On surseoit à l'exécution de la peine prononcée, quand il s'agit de la répression d'un premier délit. Après une première faute, sauvé de la honte qui dégrade ou de la prison qui endurcit, le coupable peut revenir tout entier au bien.

Cette admirable loi se complètera par la *loi de pardon*, que la Chambre va examiner prochainement.

Dans le même esprit, la République a édicté (1895) la loi sur la réparation des erreurs judiciaires, qui alloue des dommages-intérêts aux personnes victimes d'une condamnation reconnue erronée, après revision du procès.

N'oublions pas :

La loi de 1896, qui facilite le mariage en modifiant certaines dispositions compliquées ;

La loi de 1897, qui accorde aux femmes le droit d'être témoins dans les actes d'état civil et les actes notariés, sous la réserve — est-il besoin de le dire ? — que le mari et la femme ne peuvent être témoins dans les mêmes actes.

⁂

Plus de justice ! Moins de souffrance !

La République a porté son attention sur la situation des ouvriers. Elle a multiplié les écoles maternelles où sont soignés les enfants de deux à sept ans.

Elle a, par la loi de 1892 et par celle de 1900, protégé contre le surmenage les femmes, les filles, les garçons mineurs employés dans l'industrie.

Par la loi de 1884, elle a reconnu l'existence des syndicats professionnels. Les ouvriers que la monarchie tenait pour des incapables ont été reconnus majeurs.

Les syndicats ont le pouvoir d'ester en justice, de créer et d'administrer des offices de renseignements, de défendre leurs intérêts économiques, industriels, commerciaux et agricoles, de constituer entre leurs membres des caisses de secours mutuels et de retraites, de fonder des cours d'instruction professionnelle, etc.

En 1894, la Chambre a voté la loi « sur le crédit mutuel, agricole, mobilier ».

Après avoir créé (1894) au ministère du Commerce une Direction de la prévoyance et de l'assurance sociales, la République, en avril 1898, a publié la belle loi sur les accidents du travail ;

Elle oblige les patrons à payer des indemnités à leurs ouvriers ou employés victimes d'accidents survenus par le fait du travail ou à l'occasion du travail. L'indemnité est réduite seulement, s'il y a faute *inexcusable* de la victime ; elle est majorée, s'il y a faute du patron. Le bénéfice de ces dispositions excellentes a été, en 1899, étendu aux ouvriers agricoles.

Ajoutons ici l'institution des Conseils du travail, l'organisation de l'Assistance médicale gratuite dans les campagnes, etc.

***

Plus de vérité! Plus de lumière! Il faut que la nation apprenne à se gouverner elle-même de mieux en mieux.

Le peuple-roi doit être instruit en toute conscience.

La République n'a pas failli à ce devoir. Que l'on compare, par exemple, le budget de l'Instruction publique en 1869 à ce même budget en 1901. Il était, en 1869, de 38,589,000 ; il est, en 1901, de 222 millions. En trente ans, il a quintuplé.

La clientèle des écoles primaires s'est accrue de 850,000 enfants. La proportion des illettrés qui, en 1870, était de 25 p. 100 pour les hommes et de 37.7 p. 100 pour les femmes, est tombée en 1898 à 4,7 p. 100 pour les hommes et à 7,2 p. 100 pour les femmes.

Dans l'enseignement primaire, les dépenses se sont élevées de 95 millions en 1877, à 214 millions en 1897. La dépense par élève était, en 1877, de 25 fr. ; elle est aujourd'hui de 50 fr.

Quand l'enfant a quitté l'école, la République doit continuer à l'instruire. Il importe que le bon écolier apprenne à devenir un bon citoyen.

On a donc créé des cours d'adolescents et d'adultes, des lectures publiques, des conférences populaires, des patronages scolaires, des associations d'anciens et d'anciennes élèves, etc.

Voilà des institutions essentiellement démocratiques. C'est d'elles qu'on attend le progrès le plus salutaire, l'émancipation du peuple par lui-même.

L'œuvre de la République est bien commencée. Il s'agit de la continuer toujours plus largement et, nous le répétons, toujours plus vite, malgré la fureur des réactionnaires.

XII

UN INOFFENSIF TORRENT D'INJURES

Un torrent d'injures coule désormais en France et déborde, tous les quatre ans, à la veille des élections. Torrent bouillonnant, torrent fangeux, où surnagent des affiches, et qui marque sur les murailles son étiage de boue!

Sans doute, l'injure en politique n'est pas une nouveauté. Mais, jusqu'à nos jours, elle avait eu un caractère d'exception. Elle semblait quelque chose d'anormal, d'extravagant, de monstrueux. Encore, n'était-ce que dans la presse parisienne que l'on rencontrait fréquemment ce bizarre procédé de polémique. La presse de province, particulièrement la presse lorraine, si correcte, si réservée, de tradition si élégante, réprouvait les triviales facilités de l'outrage. Aujourd'hui, en Lorraine comme à Paris, cette irrégularité répugnante n'est plus l'exception : elle est devenue la règle.

Sollicité par des amis, un honnête homme qui n'est pas dénué d'expérience et qui, en son cœur, croit pouvoir être utile à l'Etat, entre dans ce qu'on nomme l'arène politique. Il salue en entrant ses adversaires, qui ne sauraient être des ennemis. Hier encore, quand il n'avait pas fait connaître sa résolution d'accepter une candidature, cet honnête homme n'entendait qu'une voix sur son compte, voix cordiale, sympathique, souvent flatteuse. Il se sentait estimé, recherché de tous. Il n'y avait autour de lui que des mains ouvertes.

— Ah! mon ami, si tu veux voir des poings crispés!... Toutes les accusations mensongères, toutes les invectives absurdes te sont jetées au visage en énormes paquets.

Au début, la surprise paraît déconcertante. Quelles sont ces nouvelles mœurs? Où en sommes-nous? A qui s'adresse-t-on ainsi?

— A toi-même, mon ami. Est-ce qu'il peut y avoir erreur sur ce point? C'est toi-même que l'on accommode à la meilleure façon des Halles. Tes actes et tes propos ridiculement dénaturés sont commentés avec force gros mots que n'excuse même pas une grosse colère. Voilà une chose tout à fait vile : de la fange délayée à froid! La calomnie n'a même pas besoin d'une ombre de prétexte, d'un soupçon de vraisemblance. Elle se développe spontanément et sans le moindre brin de racine. A qui la faute? A toi qui t'es embarqué dans cette galère, et qui t'étonnes d'entendre un langage de galérien.

Faut-il ajouter que, s'il est entrepris sans art, cet ingénieux travail n'est pas exécuté sans méthode? Le numéro du journal où les injures s'entassent est envoyé soigneusement à l'intéressé, à ses amis, à ses parents. S'il a une femme de santé un peu frêle, une bonne vieille mère aux chers yeux tendres, c'est elles qu'on honore du premier exemplaire, nous allions dire de l'édition *princeps!*

Il faut apprendre à mépriser ces menues contingences. Que l'on s'établisse solidement sur les sommets! Que l'on prenne conscience du devoir accompli! En certaines circonstances, l'abstention serait plus qu'une désertion ; ce serait une véritable trahison. On n'a pas trahi, on n'a pas déserté, on ne s'est pas abstenu ; on a goûté déjà le plaisir du courage. N'est-ce donc pas une immédiate récompense? Pour le reste, nous le répétons, le remède est dans le mépris.

« Souviens-toi d'oublier ta peine », écrivait gravement un philosophe sur son cahier de notes. Prends tes tablettes, mon ami, et écris : « Applique-toi à ne pas faire attention aux injures. » Oublie-les toi-même. Elles sont si vite oubliées par les autres! Rappelle-toi les grands noms contemporains, les noms de Victor Hugo, de Gambetta, de Jules Ferry. Chacun d'eux n'a-t-il pas été entouré à chaque instant d'un prodigieux halo de calomnies et d'invectives? Autant en a emporté le vent. Ces noms rayonnent à jamais de l'éclat le plus inviolé.

« Personne n'a été plus attaqué naguère que l'honorable Président de la République, M. Emile Loubet. Les réactionnaires coalisés l'accablaient d'ordures. Ceci n'est pas dit uniquement au figuré ! Jules Lemaître lui-même, insurgé contre tout atticisme, l'indiquait pour cible aux factieux de la rue. Invité à une fête par un Cercle qui se pique de distinction, M. Loubet, premier magistrat de la République, vieillard aux cheveux blancs, fut frappé à la tête par un jeune homme. Ce jeune homme était de ceux qui l'avaient invité à cette fête. Aussitôt les réactionnaires coalisés d'applaudir et de rire avec transports. Or, aujourd'hui, après le banquet des maires, après les visites du tzar, du roi d'Angleterre, du roi d'Italie, M. Loubet est un des hommes les plus universellement considérés. Les injures dirigées contre lui ont perdu toute signification.

Ainsi, nos concitoyens qui, hier, à propos d'un voyage de M. Loubet à Montélimar, lisaient la note suivante : « *Panama* est allé voir sa mère », n'ont même plus fait attention à la singulière délicatesse d'un tel langage. L'outrage en lui-même devient chose très vénielle. C'est un déjeuner de soleil, le soleil, comme on sait, n'étant pas dégoûté.

Songeons à la ravissante bonhomie du dédain. Dans un voyage qu'il fit en Bretagne, Littré ayant failli se rompre le cou, un journal clérical exprima l'amer regret qu'un pareil mécréant ne se fût pas tué sur place. On montra ce journal à Littré. L'illustre savant médita sur cette effusion de charité chrétienne, puis murmura et souriant : « C'est là sa façon, à cet homme, de témoigner qu'il n'a pas les mêmes idées que moi en métaphysique. » Littré savait interpréter les textes les plus étranges, même ceux des journaux bretons les plus cléricaux.

Les injures qui débordent aujourd'hui viennent de ce que certains de nos contradicteurs n'ont pas la même opinion que nous sur l'orientation politique de la France, ou plutôt (car l'orientation politique de la France est trop

difficile à concevoir pour eux !) sur quelque candidature locale.

Le torrent d'injures fait son bruit, épanouit ses remous, se renouvelle sans cesse. Pourtant, n'envions pas trop ceux qui se sont réfugiés dans une retraite inexpugnable. Ils ne connaissent pas toute la joie de parler et d'agir librement pour la patrie, pour l'humanité.

XIII

L'ARME DE LA RÉACTION

La réaction use en ce moment d'un procédé unique, mais si varié dans son unité même : la fausse nouvelle.

Fausse nouvelle, jamais démentie ! Fausse nouvelle, lancée et relancée d'une voix sincère et d'un geste franc !

Un orateur prononce-t-il un discours plein de sens, de dignité et de patriotisme ? Nos contradicteurs en détachent quelques phrases ou fragments de phrases, les isolent ou les groupent à leur fantaisie, les commentent à leur guise ; puis, de leurs propres commentaires, tirent des conclusions conformes à leurs propres intérêts.

Ainsi maltraité, l'orateur proteste-t-il ? Quelle reculade ! Ne proteste-t-il pas ? Quel aveu !

Parfois le mensonge, qui fait le fond de la fausse nouvelle, a un caractère particulièrement hypocrite, insolent et venimeux. A la veille des récentes élections sénatoriales, les journaux réactionnaires publiaient, par exemple, une note ainsi conçue : « *Au début de la grève de Marseille, le gouvernement a* AUTHENTIQUEMENT *encouragé les émeutiers.* »

Vous avez bien lu : AUTHENTIQUEMENT ! La chose était donnée comme indiscutable, évidente, officielle même. Les émeutiers avaient des ministériels, voire même des ministres, à leur tête. Ces émeutiers excitaient et surexcitaient la grève,... dans la seule intention de soutenir le cabinet. A la veille des élections sénatoriales, afin de se présenter en bonne posture devant le pays affamé de tranquillité, le ministère avait un intérêt incontestable, évident, à provoquer un massacre. Cela se passait de démonstration. D'ailleurs, le mot *authentiquement* ne disait-il pas tout ?

Cette extravagance parut en son temps un peu trop forte. On la négligea.

Hélas ! il n'y a plus d'extravagance trop forte en politique. Aujourd'hui, rien ne doit plus être négligé.

Qu'ont fait les réactionnaires ? Ils ont admis leurs inventions comme paroles d'Evangile. Un de leurs journaux, parlant de la grève de Marseille, d'ailleurs parfaitement terminée, publiait ces lignes : « La grève de Marseille, à laquelle le gouvernement avait donné une *consécration officielle...* »

Nous attendions : « officielle ». Mais, « consécration » ! Voilà une nouveauté sans prix.

Par bonheur, la vérité finit toujours par l'emporter. Si quelquefois elle a semblé vaincue par le mensonge, c'est qu'on n'a pas regardé assez longtemps. Le mensonge se retourne toujours contre le menteur.

Citons, à ce propos, une édifiante anecdote. Vers la fin de décembre dernier, nous avons rencontré un officier que nous comptions parmi nos amis personnels, mais non parmi nos amis politiques. Cet officier lisait trop volontiers les plus violents journaux de la réaction, ceux où le général André est traité d' « ivrogne », de « pochard », de « poivrot ». (On connaît la souple élégance du lexique réactionnaire.) Dans ces journaux, le général André se trouve constamment représenté comme une « brute » débitant des « inepties » avec « une incohérence d'alcoolique ».

Or, notre officier, qui jusqu'alors n'avait jamais vu le général André, venait justement de le voir et de l'entendre. Il avait vu un homme de haute taille, de visage ascétique, plus semblable peut-être à un professeur de sciences qu'à un soldat. Dans un langage extrêmement clair et extrêmement sobre, où tous les mots touchaient le but, le général André, avec une parfaite compétence, avait abordé deux ou trois questions que notre ami avait particulièrement étudiées.

Involontairement, notre ami comparait ce qu'il avait vu de ses yeux et entendu de ses oreilles avec ce que lui

avaient dit ses journaux. Aussi, en nous serrant la main, il s'écriait :

— Décidément, il y a une certaine presse qui ne vit que de mensonges !

— Vous voulez dire qu'elle en meurt ! C'est la vérité seule qui est la vie, la victoire et la paix.

XIV

« IL FAUT ENSEIGNER LA RÉPUBLIQUE ! »

Les élections de 1902 ont été une admirable épreuve pour le parti républicain. Il se félicitera d'avoir eu tous les avertissements possibles, réunis et résumés ainsi, tout d'un coup.

En somme, c'était un nouveau « Seize-Mai », que nos adversaires voulaient réaliser.

Au 16 Mai 1877, les réactionnaires commençaient déjà à se servir de l'étiquette républicaine. Ils affectaient de se proclamer les défenseurs, les conservateurs de la vraie République. La vraie République, c'est celle dont ils espèrent pouvoir dire un jour, suivant la formule de leur digne maître : « La maison est à nous. Nous ne le ferons paraître. C'est à vous d'en sortir ! »

Aujourd'hui, ils crient avec plus de vigueur : « Vive la République ! » Ils arborent même, sans trop de grimaces, des drapeaux tricolores, au matin du 14 Juillet. Ah ! s'ils pouvaient reconstruire la Bastille pour y enfermer tous les républicains, modérés ou radicaux, mais sincères, comme ils ouvriraient vite une souscription et comme leurs listes s'allongeraient hérissées de menaces, colonnes de cruauté et d'infamie !

Oui, c'est le Seize-Mai qui recommence, avec la même tactique, avec le même esprit, avec le même langage, avec le même but.

Le parti réactionnaire veut contracter un mariage de raison avec la République. Quel serait le contrat de ce mariage ? Voici ce que l'on dit à la fiancée :

« Nous vous faisons le grand honneur de vous épouser. Mais à la condition que vous nous livrerez tous vos biens ; que vous nous remettrez tous vos pouvoirs ; que nous ferons de vos ressources tout ce qu'il nous plaira ; que vous vous abandonnerez aveuglément à tous nos caprices ; que, de notre côté, en toute occasion, nous aurons toute licence d'agir à notre guise ; que, par conséquent, nous vous tromperons chaque fois que nous le jugerons à propos, — et que, enfin, si nous rencontrons une autre personne qui nous convienne un peu mieux que vous, ayant une âme ennemie du divorce, nous vous étranglerons net dans votre lit. Maintenant, chère fiancée, veuillez, s'il vous plaît, nous suivre à l'autel. »

Tel est le mariage de raison que les réactionnaires proposent à la République, espérant qu'elle aura la folie de l'accepter.

Tous les partis réactionnaires se sont remis en campagne. Ils sont poussés en avant par le cléricalisme. En réalité, c'est le cléricalisme qui a formé les cadres de cette armée. Mieux encore ! c'est le cléricalisme qui a distribué les armes, réglé le plan, conduit l'action.

Les questions qui ont agité la France depuis la faillite du Panama jusqu'au procès Dreyfus auraient été vite résolues et oubliées, si le cléricalisme ne les avait envenimées, renouvelées continuellement. Au fond, nous sommes tous grands reviseurs de procès : chaque Français a en lui un juge d'instruction qui sommeille. Sur la faillite du Panama et sur Dreyfus, on aurait discuté avec ingéniosité, voire même avec feu pendant un certain temps. Puis ces affaires, mises en pleine lumière, auraient été tranchées en pleine justice.

Mais le cléricalisme, toujours à la recherche de ce qui peut troubler la paix républicaine, s'est emparé de l'une et de l'autre affaire : il y a introduit tout ce qui se trouve en lui de fiel et de noirceur.

En vain la majorité des Français abandonnaient l'affaire du Panama où, d'ailleurs, il y avait autant de réactionnaires compromis que de soi-disant républicains. En vain, d'un commun accord, on s'efforce de circonscrire l'affaire Dreyfus dans le terrain judiciaire. Le cléricalisme excelle à ameuter les gens alentour. Pendant combien de temps encore compte-t-il se servir de cet expédient ? Il compte s'en servir toujours.

Et toujours il s'en servira avec un certain succès, si les républicains ne s'entendent pas pour éclairer à jamais les électeurs sur ces deux points et sur beaucoup d'autres de même nature.

Nous avons dit « éclairer à jamais » les électeurs. C'est là une manière de parler. Comme la vérité, la République doit être enseignée, enseignée à chaque génération, enseignée avec une méthode et une force toujours nouvelles.

La principale faute de nos aînés a été de croire que la victoire remportée par le régime républicain, après le 16 Mai 1877, ait une victoire définitive. Il n'y a pas de victoire définitive en matière de raison et de politique raisonnable. Seule, l'erreur n'a pas besoin d'être enseignée. L'absurdité est toujours dite une fois pour toutes. Elle est une triste acquisition, mais une acquisition éternelle. Au contraire, la République, œuvre de raison, de liberté, de progrès, reste toujours une œuvre à parfaire. Les triomphes antérieurs sont des principes de succès ; ce ne sont pas des gages de conquête. Il y aura toujours à conquérir les générations qui ne se soucient guère du passé, qui n'ont pas eu à lutter pour la liberté et la dignité de la démocratie, qui ne savent pas exactement où est l'ennemi, et qui partant sont toujours prêtes à retomber dans les mêmes pièges, toujours si patiemment retendus.

Le parti républicain doit oublier ce qui naguère a pu le diviser, discussions de détails, querelles de personnes. Il doit se garder de limiter la politique d'une grande nation à une controverse ministérielle. Il doit faire la conciliation et la concentration. Ainsi uni et fortifié, il reprendra sa noble tâche de propagande ou plutôt d'explication, de démonstration démocratique. Pas un de nous ne s'y dérobera. Il existe une masse inconnue d'électeurs jeunes qui ne sont pas venus à nous, parce que nous ne sommes pas allés à eux. Demain, si nous le voulons fermement, au nom de la patrie, de l'humanité, de la justice, elle sera toute nôtre.

TABLE DES MATIÈRES

Du même Auteur

CHEZ PERRIN & Cie :

André Marsy, 1 vol. 3 50
Poèmes et Poètes, 1 vol. 3 50
Essence d'Ames, 1 vol. 3 50
En faisant tourner la Terre, 1 vol. 3 50

CHEZ PAUL OLLENDORFF :

Stenka Razin, 1 vol. 3 50

A LA SOCIÉTÉ LIBRE D'ÉDITIONS DES GENS DE LETTRES :

Toute une Année, 1 vol. 3 50

CHEZ ALPHONSE LEMERRE :

Toute une Ame, 1 vol. . . . . 3 »
Raisons de vivre, 1 vol. . . . . 3 »
Le huitième Péché, 1 vol. . . . . 3 »
Labour profond, 1 vol. . . . . 3 »

CHEZ BERGER-LEVRAULT & Cie :

Images de France, 1 vol. 3 50

Vient de paraître

CHEZ BERGER-LEVRAULT & Cie :

Chez Jeanne d'Arc (illustrations de Victor Prouvé). 6 »

www.ingramcontent.com/pod-product-compliance
Lightning Source LLC
LaVergne TN
LVHW010108230826
846091LV00005B/2146

* 9 7 8 2 0 1 3 4 5 0 7 6 8 *